大

天体地

体

地

天 体 地

エネルギーの交差点

大伴由美子　大伴正総

目　次

1 序に代えて —私の絵の誕生について—

大伴由美子

2002年夏、私はスコットランドの北に向かって成田から飛び立った。飛行機が離陸し、真っ青な空の中へと入ったとき、地上の渦まくつらさや悲しみから、遠く離れた気がして目を閉じた。いったい私は何をしたかったのだろう…私が求めていたものは何だったのか…。私はすべてを失った気がしていた。住み慣れた我が家、分かちあった人々との絆《きずな》、愛おしく手入れをした生活空間やこまごまとした物、そして思い出の数々。そのすべてが両の掌からこぼれ落ちた。私はどうしたらよいのか、わからなかった。もう一度、生きる道を探したかったが、二人の息子以外何も残されてない気がした。

気がつくと、機内は暗くなり、ほとんどの乗客は寝ているようであった。私は再び自問した。私が本当に求めていたものは何だったのか…。答えが見つからないまま、過ぎた日々を思い出し、最も自分らしくしていたときはいつだったのかと探してみた。私の人生で最ものびのびとした日々を見つけることは、難しかった。

何か白い紙切れはなかっただろうか…バッグの中に手をいれ、かきまわしてみたが何も見つからない。最近は折につけ絵を描くことが癖のようになっていた。頭を整理したかった。日記帳の表紙にハガキがはさんであるのが見つかった。裏には何も書かれてない。ペンをとり、幼いころから図形を描いていたあのときのように、小さく小さく図形を描きはじめた。自分らしくなれたときがあるとするなら、ノートの端にちまちまと落書きをしていたこの遊びだったかもしれない、と思いながら。

絵を描くのは一番苦手なことだった。小学生のころは、図画の時間になると配られた白い画用紙が恨めしくお腹が痛くなった。中学に入っても同じだった。ある日、写生の時間にあまりに手も足も出ないので、図形化して描いたらひどく叱《しか》られた。それ以来、描くことはすっかり嫌いになってしまった。だが、絵を見ることは好きだった。結婚後、子育ての合間を縫って、よくギャラリーへ出かけた。“美しいものは美しい…”。心に響く絵に出会うと、私もこんな絵を描いてみたいと思ったりした。

水墨画を始めたのは下の子がおむつ、長男が幼稚園のころだった。何か月たっても描かせてもらえるのは線だけだったが、私はうれしかった。描くことの中にいる喜びと水墨画の静寂な時間が心地よかった。教室では、お手本通りに描くことが原則であった。もちろん墨以外の色は使うことを禁止されていた。下手の横好きで時間があると家で練習した。そんなとき「趣味はいいねえ、気楽で…」と息子たちにからかわれたが、私は一向に気にしなかった。次男は高校へ、長男は大学へと成長していた。私は一人で過ごす時間が多くなった。

長男が一年の予定で米国に旅立ち、次男は高校のバスケット部で練習に明け暮れていた。ある夜、ふと“自由に絵を描いてみたい”と思った。息子たちの部屋から使い残しの絵の具を取り出し、台所のテーブルの上に新聞紙を広げた。パレット代わりに料理用の大皿、絵筆はないので水墨画用に使っている筆を準備した。そしていつもなら画仙紙だが、今日は画用紙。用意が整ったところで体が固まってしまった。手も足も出ない。いつまでたっても目の前の画用紙は白いまま。水墨画をやったからといって絵を描けるわけではないんだとあきらめて、皿に出した絵の具を捨てようとしたが、もったいない。どうせなら落書きしようと、筆に色をのせた。そして画用紙に思いっきり、なぐり書きをした。

夢中だった。いったいどれくらいの時間がたったのだろう。私は次から次と描いていた。なぜ、こんなに手が動くのか不思議だった。こんな変な絵は誰にも見せられない…。絵の道具をしまい、描いた何枚かの絵をグランドピアノの下に隠しながら、なんだか気分がスカッとしていた。

翌日も夜になると一人、こっそりと絵の道具を並べてみた。今日は多分ダメだろうな…昨日は何かまぐれだったんだ…と思いながら筆に色を含ませ、画用紙に下ろす。すると昨夜と同じように手が動きだした。いくらでも描ける。だが、何を描いているのかさっぱりわからなかった。ただ心の中のいろいろな想いが色と形になって出てきて止まらなかった。次の日も、その次の日も、同じであった。その中から少し良さそうなものを一枚選んで水墨画の日に持っていくことにした。こんな絵を見せるのは恥ずかしいと思ったが、どこかで先生に見てもらいたかった。恐る恐る出した絵を見るなり、先生は言った。

「君は誰に絵を習っているんだッ」

恐ろしい声だった。水墨画はお手本通りに描くこと、墨以外を使って描いてはいけないと、あれほど厳しく教えられてきたのに、やはり持ってきたのはまずかった。「済みません」と謝りつづけたが、先生はしばらく機嫌が悪く、黙って私が持ってきた絵を見ていた。

「君は誰に絵を習っているんだ。私はこんなものを教えたことはない」「済みません、勝手に描きました」こんなやりとりのあと、先生は言った。

「君は異界に行ってきたのか」

他にも描いたものがあるなら全部持ってくるようにと言われた。私は気が重かった。家にあるものは人に見せられるようなものではなく、ひどい落書きのように思えた。ピアノの下には、数えると70枚くらいの絵がたまっていた。それらを全部持って先生のところに行くのは気が引けたが、逆らえなかった。恥ずかしさで小さくなっている私をよそに、先生は一枚一枚じっくりと見ていた。

「個展をしよう」と先生が言った。信じられなかった。私が勝手に描いたこんな絵の個展なんて恥ずかしかった。子どもじみた乱暴な絵、好き勝手に引いた直線や曲線。個展なんて…。驚きと喜びはすぐにしぼんだ。だんだん怖くなってきた。“オリジナルな表現”というのが先生の理由だったが、日がたつにつれて本当に気が重くなりだした。個展の期間中に気になることが起きていた。絵の前で泣いている人、いつまでも立ちつくす人、何回も通って来る人たち。私が知らない人たちだったが、理由を尋ねると、痛みが消えたとか、絵が語りかけてくるというのだった。そんなふうに見てもらうのはイヤだったが、それが真実なら仕方ないと思った。

機内食が何回か運ばれてきたが、私は図形を描きつづけた。小さく小さく図形を重ね、色を塗り、やっと仕上がったところで、少し睡眠をとらなければと毛布をとった。そのとき「まもなく着陸します」とアナウンスが聴こえた。私は成田を発ってから一睡もせずに、この小さな絵を描きつづけていたのだった。

スコットランドの北は、夏だというのに寒く、海辺は風が強かった。空を低く感じた。終日、林の中を歩き、海から吹きつける冷たい風に震えながら、置いてきた日々を想う。ときには懐かしく、ときにはつらく。そんなとき、私はハガキの裏に小さな図形の絵を描いた。想いとは関係のない線や面の連鎖。だが、少しずつ心が整理されていく。そしてそのころになると、不思議なことに気づいていた。この絵を描きはじめると、まるで私とは関係なしに手が動いていることだった。速く、そして正確に、それにしても正確に。

滞在中、不思議な人に出会った。ものが透けて見える能力を持つ人だった。私は絵を見てもらうことにした。これまで描いた水彩画は見る人にときとしてある種の変化を起こしていた。つまり、痛みが消えたり、体にさまざまな反応を起こしたりなど、説明がつかないことであったが、その理由が知りたかった。「わあー！　強すぎる」と言って、その人は絵から身を遠ざけた。しばらくして改めて絵を見ると「これはあなたが描いたものではない」と言う。はじめ、何を言っているのかわからなかった。「もちろん、手はあなたの手、でも描いているのは他の手。あなた、知らないで描いているの？」。私はさらに持っている図形の絵を見せた。ハガキの裏にこまごまと描かれた絵を見てびっくりしたようだった。「この絵は体に反応を起こすだけでなく、もっと大きな働きをする」と言った。妙に耳に残った。こんな小さな絵がいったいどんな働きをするのか、私には見当もつかなかった。

スコットランドから帰り、私は日常に戻った。仕事は忙しく、立ち止まる時間はなかった。アート療法絵画教室、呼吸法、瞑想指導など生活は以前と同じだったが、心の中には変化があった。喪失感が消えたわけではなかった。だが、大切なものが何かを見失っていたことに気づいていた。苦しみは私が引き寄せていたものであった。取り戻せない日々は私の中にあった。私は少し自分を許せる気がしていた。

2006年春、相変わらずクリニックは忙しかった。院長は最も健康な人の体の状態について模索していた。ある日「天の気と地の気があるというなら、描いてくれないか」と頼まれた。天と地につながり、宇宙のエネルギーを充分に体に取り入れる呼吸が重要であると考えていた私は、その指導をしていた。だが天の気は見えないのだ。描けるわけがない。すると「天の気があるというなら、証明できなければ話にならない」と言われた。

私は静かに目を閉じ、天と地につながった。あの日、成田から飛び立った飛行機から見た青い空の、もっと高くへ、もっと遠くへ。

意識をいつもの深い場所へと移していった。私はハガキを取り出し"天の気"の絵を描きはじめた。いつものように手が動きだした。

2009年3月泡瀬にて

2 ギャラリー

Gallery

失くしたテープが見つかって

The Lost Cassette Tape Was Found

ゼンゼレにはまだ会ったことがないけれど

I Have Not Met Zenzere Yet

グァダルッペの愛

Love of Guadalupe

エレストゥ・想い出とともに

"Eres Tu" with the Memory

ローリーは風来坊

Wandering Rolly

風を聴く

The Sound of Wind

遥かな日々

Unforgettable Days

MG·217はラッキーカード

MG·217 Is the Lucky Card

息子が帰って来ない夜に

Lonesome Night without My Son

あっ・それ・切らないで！

Let It Be

旅立ちの朝に

Departure of My Son

リーの贈り物 Guipure

"Guipure" Memory of My Li

記憶の中の花たち

Happy Past

私はあなたを知っています

I Know You

祈るおもいの朝

I Can't Do Anything

柿の絵の赤いオルゴールは懐かしい調べをのせて

Old Red Orgel, Painted Kaki

ダイのブーツ

Don't Touch My Boots!

FAITO!! リッツが作ったおもちゃ

FAITO! A Toy Made by Rittu

大切な人が逝った日

The Day My Precious Has Gone

虹の祝福

Blessing of the Rainbow

記憶の彼方にあるものは・・・

In My Remembrance Are・・・

プリギエラ

Preghiera

それってボクのこと?

Are You Talking About Me?

セドナ
Singing on a Rocky Mountain

ブービーは思慮深く

Booby Is Thinking

大好きだった時雨コート

The Jacket of the Memory That I Loved

スコットランドの風に吹かれて

I Was Blown in the Wind of Scotland

呼ばれた気がして

Call Me?

バディーがいたころ

The Days When Buddy with Us

夕陽とワイン・忘れられないカフェ

Sunset and Wine. The Cafe of That Day

今までも これからも

Till Now and From Now on

起きなさい！

Get Up!

私はあなたです

I Am You

Rumiko O

時は流れて

Time Goes by

山のてっぺんで

At the Top of the Mountain

この大根甘いですね

Mysterious Sweet Radish

至福に包まれて

Cosmic Blessing

3〈ある状態〉で描かれていく絵について

大伴正総

ギャラリーのこれらの絵をご覧になって、マンダラを感じる人もあろうかと思いますし、また工芸的な印象をお持ちになる方もいるでしょう。

描かれていくこれらの絵をそばで見ておりますと、絵はある一点から始まり、ここからまるで紡ぎ出されるように、よどみなく、ほとんど同じペースで広がっていきます。何かを描くといった、テーマとか見通しとかがあるようには見えませんし、頑張って、細心の注意をはらって筆を進めているとも感じられません。確かに作者は関わっているけれど、受身的といいましょうか、何か受容的な〈ある状態〉の下にあって、その中で絵は形を成していくように見うけられます。

〈ある状態〉というのが長い間、私にはわかりませんでした。そのことについて、ふとしたことがきっかけで探求の糸口を探りあて、現在までのところいくらかのことがわかってまいりました。そして驚くべきことに特殊な人の特殊な状態と思っていたことが、すべての人に深く、しかも重大に関わっていることが少しずつ明らかになってまいりました。

〈ある状態〉について長年強い関心を持ちながらも、何の手がかりすら得られずにいたある日、2006年のトリノ・オリンピックで優秀な成績をおさめた一人の女性スケーターの、演技中のグラビア写真を見ていたときのことです。彼女の演技は何度もテレビ放映されておりましたが、カラーの大写しで載ったその写真に見入っているとき、その身体のほぼ中心を縦に貫いている強いプラスの気[1]の存在に初めて気づいたのです。そして同時に、呼吸法の先生が指導する際に必ず口にしていた言葉を思い出しておりました。

「呼吸法で大切なことは、“天と地につながる”ことです。天につながり天の気をもらい、地につながることで地の気をもらいます。そうなると、日常の自分を超えた大きな力が働きます」というものです。

この言葉に従えば、先の優れたスケーターの身体のほぼ中心を貫いている強いプラスの気は一つのものではなく、二種類の異なった気、すなわち〈天の気〉と言われている下降しているエネルギーと〈地の気〉と言われている上昇しているエネルギーからなり、どこかで合流していることになります。

そこで調べてみると、[2]確かに下降しているエネルギーとそれとは異種の上昇しているエネルギーの二つの成分からなり、その二つはみぞおちのあたりで合流しています。また、それぞれのエネルギーは中心線から外側にいくに従い減衰しています。これらのエネルギーと身体の状態との関係を調べるため、神経伝達物質の一つ、アセチルコリンをBDORT[3]で定量してみますと、[4,5]エネルギーレベルの高いところほど、身体は高度に活性化

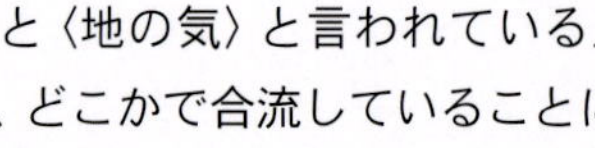

アセチルコリン

されていることがわかりました。エネルギーのレベルと身体の活性度が正の相関をしていることになります。

しかし、〈天の気〉、〈地の気〉と言われましても、目には見えず、物質として形を成してもいません。下降しているエネルギーは確かにあるものの、これが呼吸法の先生の言う〈天の気〉であるかどうかは定かではなく、同様に上昇しているエネルギーが〈地の気〉であるとも言い切れません。そうではあるものの、確かに方向を逆にするエネルギーが身体の中心軸をつくり、身体が活性化していることから考えると、身体はこうしたエネルギーを受けとる能力を持っているばかりか、私たちの生存を支えていると考えるのが自然です。

BDORTでは、例えばある薬剤を服用した場合、それと同じ薬剤が手元にあれば、身体の外と内の同一物質間の電磁波共鳴現象を調べることで、服用した薬剤が体内のどこに到達し、どの程度組織に取り込まれているかを知ることができます。⑤

物質的な形をとらない〈天の気〉〈地の気〉を、上述の薬物の動きを調べるように、私たちが取り扱うことのできるものに変換できないものか、という課題に直面したとき、私は次の二つの事実に思いあたりました。

一、先の絵の作者が以前に初めての個展を開いたときのことです。来場した人々、それぞれの個人にそれぞれの絵は強い衝撃を与えたようで、一種異様とも思える雰囲気のうちに完売になったこと。

二、BDORTの学会やシンポジウムにおいて、"自筆の文字などには、それを書いた人の身体情報が現れる"ことが既に何度となく報告されていること。⑥

一、二、のことから次のようなことを考えました。

今、もし、しっかりした中心軸ができるほどに充分なエネルギーが身体に流入しつづけている状態になった人が、例えば絵画的な表現をする、——その表現されたもの・絵には身体の内部情報の一つであるエネルギーが現れるだろう、——下降しているエネルギーは何らかの身体感覚を生み出しており、上昇しているエネルギーもまた、それとは異なる身体感覚を伴っている、——とすれば、これらの身体感覚に意識の焦点を合わせ、〈天の気〉〈地の気〉を描き分けることができないものか、——手から筆へ、そして例えば紙へとエネルギーは移行し、「定着」・「固定」されたようになりはしないか、——ということです。[7]

薬物などは体内で分解・排泄され、その量は次第に減少し、ついには消失してしまいますが、これとは違って身体の外から内へ流入するエネルギーは、内から外へと流出していくものと動的な平衡状態になりますから、身体の内部を流れるエネルギーも、その外から流入するエネルギーも同一のものになる可能性があります。こうしたことが現実に起こっているならば、身体の内部情報の一つとして描かれたエネルギーの「定着」・「固定」された絵は、そのままで外部から流入しているエネルギーを現すものとして使うことができます。

そこで、本書の絵の作者に“天と地につながった”状態で〈天の気〉、〈地の気〉そして〈合流点〉を描いてもらいました。

お気づきのように、絵の作者と呼吸法の先生は同一の女性なのです。

こうして彼女によって描かれたものが、93ページにある〈天の気〉の絵、〈地の気〉の絵、そしてその〈合流点〉の絵です。[8] これらが“天と地につながった”という彼女の状態と正確に符合するでしょうか。それを示したのが次ページの図です。それぞれのエネルギーが「定着」・「固定」された絵と、彼女の身体で同じエネルギー状態である領域を〈天の気〉は黄緑色、〈地の気〉は紫色、そして〈合流点〉はオレンジ色で色分けしたものですが、狂いなく連続したものになっており、たとえれば砂時計型です。この領域での身体は高度に活性化されているのが、アセチルコリンの定量で確認できます。

〈天の気〉の絵

〈合流点〉の絵

〈地の気〉の絵

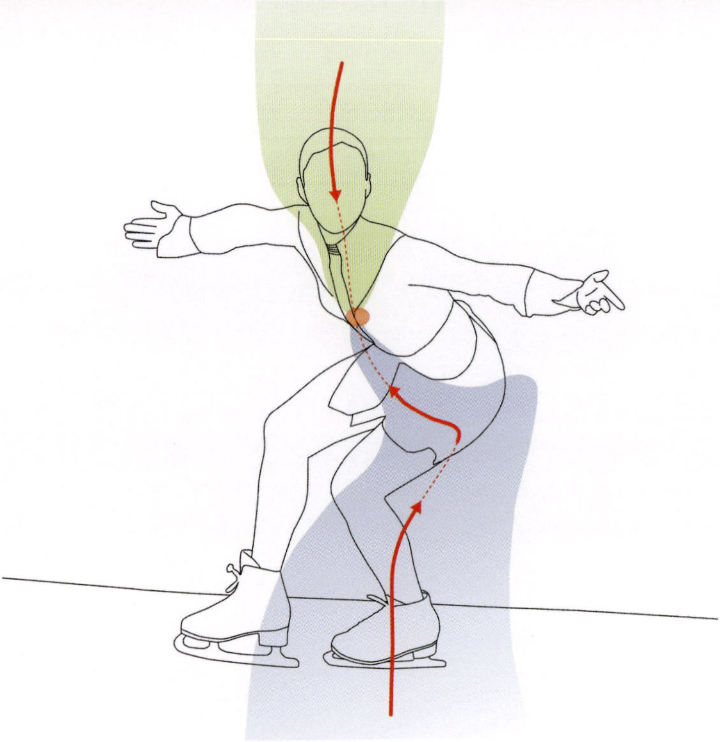

荒川静香選手のエネルギーの状態

こうしてできた三種のエネルギーが「定着」・「固定」した絵を使って、先の女性スケーターほかさまざまな分野で第一級とされている人々のエネルギーの状態を調べることにしました。

これらの人々に共通していることは、高いレベルの〈天の気〉〈地の気〉が身体の中心軸をつくっていることで、身体も高度に活性化しています。その〈合流点〉の中心はそろって、胸骨の下端の剣状突起下ほぼ三横指のところにあります。

続いて病気の人、問題行動を起こした人々についても調べてみました。その多くは〈天の気〉〈地の気〉のエネルギーレベルが低く、特徴的なことは〈合流点〉が頭側に上昇しており、特に〈天の気〉の流入が著しく減少していることです。こうした場合、身体の活性度も低くなりますが、このような状態になればなるほど脳の機能も低下し、理解や学習、記憶や判断に支障を来たすことが観察されました。さらに集中力の低下や気分が不安定になる傾向も見られ、病気の回復力も低下します。

このような〈天の気〉の不足と〈合流点〉の上昇は何も身体的ストレスを抱えた場合にのみ起こりやすいことではありません。精神的な緊張が持続したり、また驚いたりしただけでも簡単に起こりえます。

思いがけない事態になっても、とるべきあらゆる選択肢を瞬時に検討し、その優劣を判断し、全力をあげて適切に対応する——といったことは脳の働きが落ちてしまえばできるはずもなく、浮き足立ってマイナス思考となり、原始的なワンパターンの反射的な行動に走ってしまいがちです。

こうしたことから、また人々の体験を通して、天と地のエネルギーが充分取り込まれることは、私たちにどのようなことをもたらすか概観することができます。

○　脳が活性化し、このことで全身の活性化が促進され、病気に対する抵抗力が上がるとともに、美しさ、つながり、意味の新しい発見が生じる。

○ 自分が大きなエネルギーと一体化することに関係していることと思われますが、

◆ 日常の“自我”の姿を鳥瞰《ちょうかん》できるようになる。“自我”の特徴であるその光と影——誇らしい自分と忌むべき自分の両面を見ることができるようになり、その極性の理解を通じて“自我”の持つ分裂が統合に向かいはじめる。
◆ “自我”の分裂が統合されていくにつれ、他者との分離感や緊張感、敵意が薄らいでいく。
◆ 自己に据え置かれている能力や才能、素質といった潜在力・種が、理性を超える欲求や衝動、気づきや動機となって芽吹き、生長し表に現れはじめる。その意味で個性的で創造的な生き方へ自然に移行していく。
◆ 他者をコントロールしたり、あるいはコントロールされるところから身を引き離すようになる一方で、他者に対しては穏やかな一体感と尊厳な気持ちが根づいていく。
◆ 自己の深奥にあるものを瞬間瞬間に受けとっての行動になっていくに従い、自分の生を生きているという感が深まっていく。

ここでもう一度、この本の絵の作者であり、また一方で呼吸法の指導をしている女性に話を戻しましょう。

彼女の最初の個展については前に少し触れましたが、このころから人々の依頼に応じるかたちで、病気の人たちへの「手当て」が始まっています。手をかざすとか軽く当てるといったことで、実にさまざまな、治療困難なものも含めた病気に改善の傾向が生じています。こうした「手当て」は距離に関係しないこともあって、受けた人の中には「遠隔治療」と呼ぶ人もいます。彼女は『天と地につながって、私はエネルギーのパイプ役、通路となるだけ』と説明するのが常です。

このようなときに、また別の思いがけないことが起こることがあります。突然、思ってもみない映像を見る人がいるのです。それは決まって現在という時点からさかのぼるもので、その映像の中のある人物を「あの人は今の私」と瞬時に理解するのです。その映像の中で「今の自分」と特定された人物は、子ども時代を送り大人となり、年を重ねていきながら、さまざまな経験をしていきます。

問いかければ、臨終の場面を語り、多くはその人生で学んだ大切なことを、最期を見守る人たちに残します。ありふれた言葉ながら一つの人生の結晶として。次の人生への希望を話す人もありますが、「幸福な人生を望んでいる」といったことを耳にしたことは今までにありません。「恵まれて楽ではあったけど学びが少なかったから、今度は困難な人生を望んでいる」と言った人さえいます。

このような体験をしている最中は、映像を見ている現在の自分の意識は、映像の中の「自分」の意識といわば二重構造になっていて、ある種の鳥瞰的な視座が保たれており、その間に起こったことをすべて記憶しています。この体験は本人に強い印象として長く残り、現在の身心の不調や人間関係について深い洞察と理解がもたらされるようで、多くの場合その後の生き方に肯定的な影響を及ぼしているようです。

次に、彼女が指導している呼吸法、“湧式呼吸法”に触れましょう。これは無限のエネルギーによって私たちが生気湧き立つ状態によみがえることをイメージしています。そのエネルギーの源は自然界にありますので、先にこのことについて簡単にお話しします。

これまでの調べで、〈天の気〉と呼ばれている下降しているエネルギーは天の川銀河のエネルギーを含み、〈地の気〉と呼ばれている上昇しているエネルギーは地球のマントル層から内核のエネルギーを含んでいることがわかっています。⑨ そして、あと二つ、太陽と月のエネルギー、合わせて四つが自然界のエネルギーとしてヒトの脳を活性化させ、ひいては身体全体の活性化を促していることがこれまでにわかっています。それぞれのエネルギーを受けとる脳の領域はそれぞれにはっきりとした区分に分けられていますが、身体には何か所か四つのエネルギーのすべてを取り込むところが点として、また領域としてあります。その最大の領域を私たちは「体心点」と呼んでいます。

さて、“湧式呼吸法”には静的な瞑想呼吸法のほかに、ボディワークを伴う動的な体心点呼吸法があります。体心点呼吸法は、四つのエネルギーの最大の取り入れ口である体心点を直接活性化するもので、体心点が活性化することは“天と地につながる”ことに通じます。このときに行なうボディワークは、彼女が自らの身体感覚に導かれて生み出したものですが、体心点が活性化していないとなかなかうまくできません。力ずくでは難しいのです。逆に言うと、ボディワークという目に見える形を追いながら、目に見えぬ体心点の活性化を期すということです。

天の川銀河

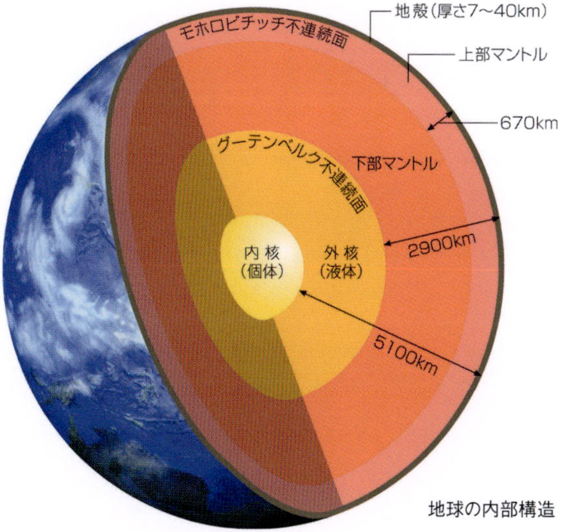

地球の内部構造

いずれにしましても、こうした取り組みで大切なことは、天のエネルギーや地のエネルギーの気感、言い換えれば天のエネルギーや地のエネルギーがもたらす身体感覚を知ってもらうことでしょう。そのために“天と地につながった”状態の彼女は、これらのエネルギーを参加者一人一人に中継し、それぞれの身体感覚が体の記憶として鮮明になるように助けています。こうした実際の天・地のエネルギーに触れることなく独習しましても、それは想像と思い込みだけに終わってしまうかもしれません。“天と地につながった”彼女の存在が決定的に重要なことだと私は思っています。

〈ある状態〉というつかみどころのないものの糸口を得てから、それが病気の回復や健康の増進、さらには自分らしい生を十全に生きることに深く関わっていたとは、思ってもみないことでした。

自然界のエネルギーといえば地球的なものを想起しますが、そうではなくて途方もない広大な場のエネルギー、天の川銀河、地球、太陽そして月のエネルギーを私たちは受けて、その揺藍《ようらん》の中で等しく生かされているだけでなく、創造的で個性的な自分を生きる条件が整えられていることに深い安堵と喜びを感じます。これらのエネルギーを豊かに受けとるための方法についても、その一端が開かれたように思います。彼女の下で研鑽を積んだインストラクターの人たちの活動も始まっています。

病を得て、気力を失った人々には治療が必要です。この人たちのほとんどは自然界のエネルギーがうまく受けとれなくなっています。私は一介の町医者にすぎませんが、治療上の大きな原則を示されたと感じています。私もまた、生気湧き立つ姿を目指しつつ、微力を尽くしたいと思っています。

最後に、振り返ってこの数年の歩みを考えてみると、私の大きな関心は、高度に健康な人々、あるいは芸術、芸能、学問、スポーツ、武道などのさまざまな分野で卓越した表現行為を示す人々には、その裏に何が隠されているのだろうか、私たちの知らない何がそれを可能にしているのだろうか――ということでした。この問いは、アブラハム・マズローが探求した「心理学的に高度に健康な人々とは」という彼の仕事の一端に触れたときから始まりました。私はこの主題そのものにまったく魅了されてしまったのです。

これらの人々にあって、平凡な私にないもの――ということではなく、これらの人々にあって、私においては充分な発達が遂げられず、結果的には矮小化してしまったり変形してしまうことになるものの、いわば条件のようなものを見つけることができたなら、「好運で恵まれた一握りの非凡な人々」との間に道筋が見えてくるのではないかということです。この道筋をつかみ、誰にでもたどれるほどに押し広げることができたなら、という断ちがたい想いは、“十全に自分の生を生きる”ことに関わっているからなのです。

しかし一方で、“凡なる自分をそのままに”という私がいます。生きることは避けることのできない、その意味ではかけがえのない一つ一つを渡っていくしかないことは明らかなことです。

他者《ひと》の生き様を肯定的にしろ否定的にせよ、あれこれとあげつらうことは何か聖なるものを侵しているような気にさえなります。それはそのままに、それはそのままで——ということでしょうか。覆いのない、ありのままの姿は美醜、善悪を超えるものがあります。そんな私にとっては、自分という神秘そのものが祝福なのです。

　多くの人に喜びと慰めを与えつづけ、生命《いのち》の不思議に触れさせながら、自身もまた驚くユミコさん。涙もろく、かつよく笑い、よく転げ、必ず立ちあがり、清々しい単純さを失わず、しっかり歩いているユミコさん。私の一文が「貴女」の神秘をおとしめることにならないことを願うばかりです。

参考文献

① プラスの気：血液循環を改善し、痛みを減らし、筋力を増強するなど健康を回復させる作用を持つ気の意。BDORTの創始者、大村恵昭先生によって、気にはプラスの気とマイナスの気があることが明らかにされた。

・OMURA Yoshiaki et. al., Common factors contributing to intractable pain and medical problems with insufficient drug uptake in areas to be treated, and their pathogenesis and treatment: Part 1. Combined use of medication with acupuncture, (+) Qi Gong energy-stored material, soft laser or electrical stimulation, Acupuncture & Electro-Therapeutic. Res., The Int. J., Vol.17: pp.107-148, 1992

・Omura, Y., Stored Qi Gong Energy in Various Materials and Characteristics of 2 types ((+) & (-)) of Qi Gong Energy which have Opposite Effects: Clinical Applications of (+) Qi Gong Energy for the Treatment of Intractable Medical Problems Including Pain, Infection, Cardiovascular Disease & Cancer, 3rd International Symposium on the Bi-Digital Test, pp.125-126, Waseda University, Tokyo, Japan, 1997 Oct 3-5

・Omura, Y., Cancer Cell Telomere Lowering Effect and Normal Cell Telomere Increasing Effect Of The Application of External (+) Qi Gong Energy and (+) Qi Gong Externally Stored Paper At the True St.36, Bi-Digital O-Ring Test, Seminar Text., 日本バイ・ディジタルO-リングテスト協会：pp.42-43, 2004

② 一定の条件を満たしている写真（デジタルカメラ、光学カメラのいずれによるものでもよい）はBDORTでその生体情報を調べることができる。⑥の文献も参照のこと。

③ BDORT：Bi-Digital O-Ring Testの略。大村恵昭先生により創始された。1977年〜。
大村先生は1993年に、United States Patent 5188107（BI-DIGITAL O-Ring TEST FOR IMAGING AND DIAGNOSIS OF INTERNAL ORGANS OF A PATIENT）を取得。（Acupuncture & Electro-Therapeutics Res., Int. J. Vol.18 : p.285,1993）

④ OMURA Yoshiaki, Editorial : "Bi-Digital O-Ring Test molecular identification and localization method" and its application in imaging of internal organs and malignant tumors as well as identification and localization of neuro-transmitters and micro-organisms - Part 1, Acupuncture & Electro-Therapeut. Res., the Int. J., Vol.11: pp.65-100,1986

⑤ ・Seminar & Workshop on The Bi-Digital O-Ring Test in 'Organ Representation Areas'のテキスト., 日本バイ・ディジタルO-リングテスト協会: p.5,1998

・ORT友の会会報Vol.9., 日本バイ・ディジタルO-リングテスト協会：pp.5-6, 2005

⑥ ・Omura Y., Estimation of Medical Problems from Hand-writing Using the Bi-Digital O-Ring Test

・竹谷徳雄；小児精神神経疾患におけるHandwriting・Bi-Digital O-Ring Testの有効性, Bi-Digital O-Ring Test, Seminar Text., 日本バイ・ディジタルO-リングテスト協会：pp.68-69, 2004

・Tokuo Taketani, A Case Report of 18-year-old Female with Herpes Simplex Encephalitis, Who was Infected at 1 Month Old and Relapsed After that, presented at the 6th Biennial International Symposium on the Bi-Digital O-Ring Test, August 6-8, 2004, at Waseda University, Tokyo, Acupuncture & Electro-Therapeut. Res., The Int. J., Vol 29, pp.293-294, 2004

⑦ ・Omura, Y., Storing of Qi Gong energy in various materials and drugs (Qi Gongnizaion) : its clinical application for treatment of pain, circulatory disturbance, bacterial or viral infections, heavy metal deposits, and related intractable medical problems by selectively enhancing circulation and drug uptake, Acupuncture & Eceltro-Therapeutics Research, The International Journal., Vol.15: pp.137-157,1990

・OMURA Yoshiaki et. al., Common factors contributing to intractable pain and medical problems with insufficient drug uptake in areas to be treated, and their pathogenesis and treatment: Part 1. Combined use of medication with acupuncture, (+) Qi Gong energy-stored material, soft laser or electrical stimulation, Acupuncture & Electro-Therapeut. Res., The Int. J., Vol.17: pp.107-148,1992

⑧ 大伴正総：弱点の克服。2006年4月、Bi-Digital O-Ring Test Seminar（昭和大学）にて発表。

⑨ 大伴正総：大自然のエネルギー及びそのBDORT成立条件との関わり。2006年9月、第7回BDORT国際シンポジウム（東大・山上会館）にて発表。

本稿における検出、定量などには、BDORTを用いました。しかし、このテストを使用して出した測定値、及びそれに基づく判断等に関する責任はすべて大伴正総が負っています。

その他の参考文献

・『図説バイ・ディジタルO-リングテストの実習』 大村恵昭著　医道の日本社
・『「O-リングテスト」超健康レッスン』大村恵昭著　主婦と生活社
・『Newtonムック：ハッブル宇宙望遠鏡15年の新天文学』 ニュートンプレス
・『徹底図解　地球のしくみ』 新星出版社
・『地球の事典』 ナツメ社
・『弓と禅』 オイゲン・ヘリゲル著／稲富栄次郎・上田武訳　福村出版
・『無我と無私』 オイゲン・ヘリゲル著／藤原正彦監訳・藤原美子訳 ランダムハウス講談社

写真の出典

・P.89　トリノ・オリンピックでの荒川静香選手。PHOTO KISHIMOTO
・P.99　ハッブル宇宙望遠鏡の微光天体カメラ〈ACS〉で撮影した天の川銀河。The Hubble Heritage Team (AURA/STScI/NASA)

あとがき

絵を描くことは私の個人的な楽しみでした。描いているのは私でありながら私とも言いがたい絵は、ときとして見る人に肉体的、精神的に変化をもたらし、また、物にも変化を起こすことが現象として現れるにつれ、多くの人から画集にしてほしいと頼まれるようになりました。

私としましても、改めて見るとき、不思議な気持ちになる絵でしたので、患者さんや友人など呼吸法のワークショップに全国から集まる方たちにいつでも見てもらえる場所として、昨年小さなギャラリーをオープンしました。 泡瀬に居を移して数年がたち、呼吸法は今では各地にインストラクターが誕生しています。

今年初め、その中の東京在住の佐々木中行さん、大阪のみねたのしさんと三枝剛さんが来沖したときのことです。三人はギャラリーに展示している絵の不思議と場の持つエネルギーについてもっと多くの人に紹介したいと画集の出版を強く希望され、さらにそれに関わる煩雑な資料作成などについてはできる限りのことをしたい、と申し出てくれました。三人の熱意と協力は身に余るものでした。私はさまざまな事情からためらいもありましたが、この方たちの強力な働きが追い風となり、この本が誕生することになりました。

また、大阪峯クリニックの院長・峯尚志先生には出版を可能にする大きな力をいただきました。

出版のための作業が進むにつれ、忘れられないのは墨絵を指導してくださった宮城健盛先生の御恩です。先生はまったく絵など描けなかった私を根気よく教えてくださったのですが、惜しくも数年前亡くなられました。お元気でいらしたらどんなに喜んでくださったことかと思います。

初めての個展から随分の時が流れました。安次富長昭先生には本当にお世話になりました。個展のときも、そのあとも絵画について、創作姿勢について多くのことを教えていただきました。地湧社の増田正雄社長には、数年前、御来沖された折に絵を見ていただいたことがありました。今回のことで「この話はそのときから続いています」という意味のことを言われたとき、言い知れぬありがたい気持ちで一杯になりました。

出版に際しては多くの方にお世話になりました。画家・喜久村徳男先生には多くの適切な助言をいただきました。また、クリニックの院長とスタッフ、そして絵画教室の仲間は心強い支えでした。改めて感謝の気持ちをお伝えします。

過ぎた日々を振り返るとき、やさしかった祖父母の顔が浮かびます。

幼い日、学校のテストがあると必ずお腹が痛くなった私に「三回深呼吸してごらん」と言った母、「上っ調子になるな、やさしくなれ」と言いつづけた父にも感謝します。

そして最後に、いつもどんなときも励まし、支えつづけてくれた二人の息子、大史と律史に心から“ありがとう!”。

2009年　春　　大伴由美子

【著者紹介】

大伴由美子（おおとも ゆみこ）

1947年東京生まれ。中学校教師を経てピアノ教室を主宰。2001年まで合唱団指揮者として活動。その傍ら、水墨画を故・宮城健盛氏に師事。
1997年リウボウ美術サロンにて第1回絵画展、1999年同サロンにて第2回目の個展。2000年には故・宮城健盛氏と二人展を開催。
2008年7月、沖縄市に「アートギャラリー湧」を開設。
現在ヒーリングアートスペース「ハピーハンド湧」及び「湧瞑想呼吸・体心点呼吸研究室」を主宰。瞑想、呼吸法、ボディワーク、絵画療法の指導などを通し、多くの人たちの心身の健康回復と、自分らしい生き方を発見してかけがえのない人生を踏み出すお手伝いをしている。自らの身体のうちに具わる潜在能力をもって開発されたオリジナルの「湧式呼吸法」は、広く支持を得て沖縄をはじめとして、全国でワークショップが開催されている。

大伴正総（おおとも まさのぶ）

1943年生まれ。和歌山県立医科大学卒。産婦人科医として出発。
1977年沖縄に移住。沖縄本島、石垣島での勤務医を経て、1990年夏に大伴クリニックを開業。海と甘く切なくほろ苦いオキナワに自ら捕まり、30年余が過ぎ去った。
太田垣泰明・ワカ夫妻、黒沢吾耶先生の薫陶を受け、橋本敬三先生、高倉寅之助先生、大村恵昭先生の学恩にあずかる。

アートギャラリー湧
http://www.ac.auone-net.jp/~yuhshiki/
この本に掲載されている作品の原画は、アートギャラリー湧にて常設展示されています。

天体地　エネルギーの交差点

2009年6月5日　初版発行

著　者　大伴由美子　©Yumiko Otomo 2009
　　　　大伴正総　© Masanobu Otomo 2009
発行者　増田正雄
発行所　株式会社 地《ち》湧《ゆう》社
　　　　東京都千代田区神田北乗物町16（〒101-0036）
　　　　電話番号・03-3258-1251　郵便振替・00120-5-36341
題　字　大伴由美子
装　幀　塚本やすし
印　刷　壮光舎印刷
製　本　小高製本

ISBN978-4-88503-203-5 C0010

宇宙とつながる気功レッスン

メグミ・M・マイルズ著

四六判／並製／240ページ

長年中国で気功を学んできた著者が、師のもとを離れてカナダに渡った。そこで風変わりな女の子「ちゃーちん」に出会い、気功を教えはじめる。楽しく読み進めるうちにすっとわかる「気」の入門書。

アルケミスト
夢を旅した少年

パウロ・コエーリョ著
山川紘矢・亜希子訳

四六判／上製／208ページ

スペインの羊飼いの少年サンチャゴは、夢で見た宝物を探してモロッコへ渡り、砂漠で錬金術師の弟子となる。宝探しの旅はいつしか自己探究の旅に変わって…。スピリチュアル・ノベルの名作。

ゴーイング・ウイズィン
チャクラと瞑想

シャーリー・マクレーン著
山川紘矢・亜希子訳

四六判／並製／304ページ

自分自身を理解し、愛することから、肉体と精神のバランスを司るチャクラの解明へ。シャーリーが学んださまざまな瞑想法の解説を中心に、宇宙と人間の調和を語った自己改革のための実践ガイド。

癒しのしくみ

樋田和彦著

四六判／上製／192ページ

病気とは何か、癒しはなぜ起こるのか。O-リングテストなどユニークな診断法を駆使して、からだの持つ絶妙なバランス機能を明らかにする。心とからだのつながりをとらえながら、癒しの全体像を映し出す。

癒しのホメオパシー

渡辺順二著

四六判／上製／320ページ

自然治癒力を引き出し、心身のあらゆる症状に対応できるホメオパシー療法。その基礎と真髄を自らの診療経験を交えてわかりやすく書き下ろした、日本人医師によるはじめての本格的な解説書。